Alexander Stroh
geboren 1982 in Paderborn, Vater eines
Sohnes, studierte Populäre Musik und
Medien (BA) und machte eine Ausbildung
zum Mediengestalter. Er arbeitet in
Münster bei einer Kommunikationsagentur.
Seine Liebe zum Malen und Schreiben
entwickelte sich bereits während seines
Studiums.
»Mein erster Schützling« ist sein zweites
Kinderbuch.

Alexander Stroh

Mein erster Schützling

Ich erinnere mich noch gut an meinen ersten Schützling.

In Wirklichkeit war ich seiner.

Wenn er da war, saß er meist
in seinem roten Zelt.

Ich wartete davor, bis er herauskam.

Mal tat er es,
mal blieb er drinnen.

Er sprach nie viel.

Aber er hatte dieses
leise Lächeln.

AM ANFANG UNTERNAHMEN WIR WENIG.
OFT SASSEN WIR EINFACH NUR HERUM.

Als wir uns besser kannten, flogen wir an goldenen Nachmittagen über den Abgrund hinweg bis hoch in die Wolken.

WENN ES DÄMMERTE, MUSSTEN
WIR ZURÜCK SEIN.

SO WAR DIE REGEL.

IN KALTEN NÄCHTEN LIEßEN WIR
EIN FEUER BRENNEN.

BEIM SPIEL HATTE ER NUR SELTEN GLÜCK.

EINMAL FRAGTE ICH IHN, OB ALLES IN
ORDNUNG SEI. ER LÄCHELTE, ABER SEINE AUGEN
SAHEN TRAURIG AUS. ICH DUMMKOPF.

WIR FEIERTEN ABER AUCH EINIGE
BUNTE FESTE IN FLIMMERNDER STIMMUNG.

MIT DEN BESTEN FREUNDEN,
DIE MAN SICH NUR VORSTELLEN KANN.

Am Abend bevor mein Schützling fortging,
saßen wir vor dem roten Zelt.

Er sah lange zu mir hoch
und seine Augen funkelten schon
wie die Sterne.

Wir mussten uns nichts mehr sagen.

Als sie kam, stand die Sonne
bereits tief.

Ich erkannte sie sofort,
denn sie war wie ich.

Sie hatte tausend Namen,
und nun kannte ich einen davon.

Als hätte er gewusst,
was ihn erwartete,
nahm mein Junge ihre Hand
und ging mit ihr.

Sie schwebten in den
purpurnen Abendhimmel.

Ich blieb am Abgrund zurück
und sah ihnen nach ...

... BIS ES NACHT WURDE.

WEEERD

1. Auflage 2021

© 2021 WEEERD im Verlag der Ideen, Rheine
Alle Rechte vorbehalten

Verlag der Ideen, An der Stadtkirche 11, 48431 Rheine

www.weeerd.de
www.verlag-der-ideen.de

ISBN 978-3-942006-48-4

Lektorat, Artdirektion und Layout: Jonas Dinkhoff
Korrektorat: Stephanie Jungnitz

Illustration: Alexander Stroh

Druck und Weiterverarbeitung:
Gugler GmbH, Melk/Donau, Österreich

Der Verlag der Ideen schützt das Klima und intakte Ökosysteme durch den Druck dieses Buches beim Ökopionier gugler*, dem weltweit ersten zertifizierten Anbieter für Cradle to Cradle Certified™ Druckprodukte.

Dieses Buch enthält nur gesunde Substanzen und kann daher – anders als herkömmlich gedruckte Bücher – zu 100 % wiederverwertet werden.

Alle CO2-Emissionen, die beim Druck dieses Buches entstanden sind, wurden zu 110 % kompensiert. In der Produktion kam ausschließlich Ökostrom zum Einsatz.